AF330447

SOUVENIRS

D'UN PRISONNIER D'ÉTAT.

INCENDIE DU MONT SAINT-MICHEL.

et

ÉVASION D'EDOUARD COLOMBAT (1).

Le 28 novembre 1834, le Mont St.-Michel était tranquille : les gardiens des prisonniers politiques et des réclusionnaires avaient renfermé dans leurs cellules tous les captifs confiés à leur surveillance, les factionnaires étaient à leur poste, et le calme de la soirée semblait annoncer une nuit, sinon tranquille pour les prisonniers, du moins exempte d'événements graves, lorsqu'une heure après la fermeture des portes, à 10 heures environ du soir, un violent incendie éclata.

Les prisonniers politiques qui faisaient partie de la même catégorie que moi, s'émurent à la première lueur que nous aperçûmes à travers les barreaux de nos cellules, et nous eûmes bientôt la preuve que l'incendie était d'un

(1) Ces souvenirs écrits par Colombat lui-même sont vendus à son profit. Condamné à mort par suite du jugement de l'affaire du cloître Saint-Méry, Colombat obtint que sa peine fût commuée en celle de la déportation. Aujourd'hui amnistié, Colombat est père d'une jeune famille ; ses infirmités, ses malheurs, son prodigieux courage surtout doivent intéresser à son sort tous les êtres compatissants qui, dans cette circonstance, ne verront point une question politique, mais une question d'humanité.

1843

caractère plus qu'alarmant ; en effet, les flammes dépassaient le point le plus élevé du Mont St.-Michel. Alors chacun de nous s'efforça de faire entendre sa voix et de faire connaître au Directeur que nous étions disposés de tout notre pouvoir à concourir à éteindre l'incendie ; c'est en ce moment, j'ose dire solennel, que le directeur, M. Martin Deslandes entra dans nos cellules. La crainte du danger imminent qui menaçait le Mont St.-Michel confié à sa surveillance, celle de l'évasion qui eût pu avoir lieu, si quelques réclusionnaires eussent été dans un complot, l'agitation que lui causait l'ignorance dans laquelle il était des causes qui amenaient un si terrible incendie : tout enfin, dans ce moment critique, était bien fait pour le placer dans une position difficile. Cependant, malgré sa pâleur et son effroi extrêmes, il nous adressa ces paroles : « Messieurs, je viens faire appel à votre « loyauté, à votre courage, je compte sur vous. » Nous répondîmes au Directeur : « Nous sommes prêts ; dans le « danger, nous ne connaissons qu'un seul devoir, et nous « sauverions même nos ennemis. » Cette réponse, je ne puis me l'attribuer, elle fut spontanée ; tous mes camarades d'infortune la trouvaient toute naturelle.

Aussitôt le Directeur nous fit distribuer des haches ; chacun de nous se porta dans les endroits où il était nécessaire de couper le feu, afin d'isoler le foyer de l'incendie, je suivis le Directeur. Les flammes s'approchaient du télégraphe : nous passâmes par une tourelle, L'inquiétude qui agitait M. Martin-Deslandes et la précipitation de ses mouvements entraînèrent sa chûte. Il se démit une jambe et la douleur fut si vive qu'il se trouva presque sans connaissance ; je fus assez heureux pour pouvoir le charger sur mes épaules. Je redescendais la tourelle afin de le mettre à l'abri du danger que je courais comme lui, lorsqu'un obstacle m'arrêta, au passage d'une seconde tourelle par laquelle il fallait absolument franchir la distance qui pouvait nous sauver. La couverture de cette seconde tourelle était tout en feu : l'écroulement eut lieu presque sur nos têtes. Dans ce moment, je conservai heureusement mon sang froid, et parvins à sauver M. Deslandes, ainsi que moi, de la position périlleuse dans laquelle nous étions.

Ce n'est qu'après 48 heures de travaux sans relâche, que le feu fut entièrement maîtrisé et éteint. Il serait bien difficile de relater toutes les actions de courage, de dévouement, d'abnégation qui ont été faites dans cette circonstance. Les troupes, les gardes nationales, les gardiens, les prisonniers politiques, les réclusionnaires ont prouvé, dans ce grand événement, que le danger réunit les hommes; M. l'aumônier, dont il est impossible de décrire le zèle, la fermeté, le sang-froid, a eu pour imitateurs le Directeur, les médecins, les gardiens, etc., etc. C'est grâce au concours de toutes ces volontés réunies dans un péril si grand que le Mont St.-Michel a été préservé d'une ruine totale.

Le lendemain, M. le Préfet de la Manche, les autorités militaires et civiles se réunirent au Mont St.-Michel; M. Martin-Deslandes, directeur, fit assembler en leur présence, tous les prisonniers politiques, et nous dit : « Messieurs, je n'ai qu'à me louer de votre conduite, « je le dis ici devant M. le Préfet, vous devez sortir par « une belle porte de ces lieux. » Puis s'adressant à moi, en me tendant la main, il me dit : « M. Colombat, « je n'oublierai jamais le service que vous m'avez « rendu. »

Un mois s'était déjà écoulé depuis le 22 novembre 1834, les prisonniers étaient astreints à leur régime habituel, lorsqu'une nouvelle importante fut connue des détenus, le Ministre de la justice avait transmis au Directeur l'avis des commutations de peines. Des grâces entières furent accordées, des réclusionnaires qui s'étaient distingués obtinrent leur liberté, des prisonniers légitimistes furent élargis. M. l'Aumônier, qui l'avait si dignement méritée, recevait la décoration des braves, des médailles étaient données à quelques gardiens; mais la catégorie des prisonniers politiques dont je faisais partie, qui s'était conduite avec tant de dévouement et de courage, restait pour ainsi dire oubliée. Trois de mes camarades seulement partagèrent le sort des détenus légitimistes, ils obtinrent leur liberté; quant à moi et à mes autres compagnons d'infortune, il n'en fut pas question. Aussi je ne pus m'empêcher de dire à M.

Deslandes : « Voilà donc la belle porte par laquelle nous « devions tous sortir. » Sur 22, trois seulement avaient fixé l'attention du gouvernement.

EVASION.

J'attendais avec confiance depuis le jour où M. le Directeur nous avait assurés que nous devions tous sortir par une belle porte, et j'avais envisagé la liberté comme devant bientôt m'être rendue. Avant l'événement du 28 novembre je n'avais jamais pensé que je pusse quitter le séjour qui devait être perpétuel pour moi sur cette terre : les difficultés qui existaient pour se soustraire à la captivité étaient si grandes que jamais je n'eusse songé à m'arracher de ma cellule ; mais je le dis avec franchise, mes camarades et moi nous étions oubliés, méconnus. Je passai de l'espérance à un entier découragement : je vis de nouveau l'avenir qui devait me laisser mourir dans les fers. Quelques jours se passèrent dans une grande agitation : l'irritation que je ressentais était si violente que parfois je m'élançais de mon lit, et me jetant sur la porte je me croyais libre, mais mon délire cessait et je retombais dans de nouvelles angoisses : mes idées étaient confondues, j'aurais accusé l'humanité toute entière. Dans d'autres moments, mon esprit était plus tranquille : j'interrogeais dans mon imagination les beautés des champs, la verdure des prairies, les mouvements des cités ; la liberté alors me paraissait bien belle ; mes camarades de cellule, nous étions trois, cherchèrent à me calmer, ce fut en vain. Pendant quelque temps encore, je concentrai en moi-même toutes mes idées ; le calme revint dans mes actions, mais je m'étais dit que je devais conquérir ma liberté. Il est impossible de comprendre les combats qui se passèrent dans mon âme ; l'espoir de briser mes fers était, dans mes réflexions, balancé par les obstacles à vaincre. J'étais dans cette position lorsqu'une découverte me fit prendre une résolution que l'amour de la liberté peut seul enfanter.

Le jour de l'incendie, en rentrant dans ma cellule, j'avais à la main un fort clou que j'avais ramassé dans les décombres, et cela bien machinalement ; je le jetai sur mon lit, puis après je réfléchis et je le cachai. Je n'avais plus pensé à ce dépôt fait sans aucune idée de m'évader, lorsqu'après avoir été torturé par les pensées qui m'agitaient, je retrouvai ce clou qui a une si grande part dans l'histoire de mon évasion.

Alors toutes mes réflexions se représentèrent à mon esprit, j'entrevis de nouveau la liberté. La découverte du clou était pour moi un talisman, je résolus de quitter les lieux qui me retenaient captif ; j'ouvris mon cœur à mes deux compagnons de cellule, et malgré les obstacles à surmonter je commençai les travaux qui m'ont rendu libre.

L'inspection des lieux n'était pas difficile à faire : notre cellule était fermée avec des verroux et des clefs, impossibles à rompre ; la fenêtre était garnie d'une triple rangée de barreaux ; la nuit, les sentinelles s'avertissaient, de quart-d'heure en quart-d'heure, de prendre garde à elles ; les vitres de notre fenêtre étaient touchées toutes les deux heures, la nuit, par les gardiens de ronde, qui s'assuraient ainsi qu'aucune fracture ne pouvait avoir été faite. Il était donc impossible que je pusse m'échapper sans employer des moyens extrêmes. J'avais déjà remarqué, lors de l'ouverture des portes, que le bruit de leurs énormes verroux produisait un son très-fort ; je pensais qu'il devait y avoir quelque cavité, quelque souterrain au-dessous de notre cellule. Alors, je me mis à l'écoute, et l'oreille placée dans les différents endroits, je me décidai à creuser dans celui où était placé le baquet. Une fois fixé dans ma résolution, mes compagnons, Blondeau, ancien militaire, âgé de 46 ans, et Le Page, jeune homme de 22 ans, entreprirent de me détourner de mes projets, c'était impossible ; je fis au contraire entrer la conviction dans leur âme, et dès-lors toutes mes idées, toutes mes réflexions, toutes mes actions furent pour réaliser une des plus hardies entreprises que la patience, les précautions, le courage aient pu amener à bonne fin.

Chaque jour les détenus avaient quatre heures de promenade lorsque le temps le permettait, de 10 heures à midi et de 2 à 4 heures du soir. La plate-forme est située au pied du télégraphe ; elle était destinée aux détenus politiques. C'était le lieu où depuis que j'avais résolu de devenir libre, je cherchais les moyens de pouvoir m'évader ; la vue prise de cet endroit est magnifique, l'élévation de la plate-forme permet de voir les côtes de Normandie et de Bretagne, la jolie ville d'Avranches, Pontorson qui est le point le plus rapproché du Mont, les grèves dangereuses pour le voyageur sans guide ; puis, dans les moments de la marée montante, presqu'au pied du Mont, comme dans le lointain, nous apercevions les navires qui sont très-nombreux dans ces parages. Malgré les précautions prises par les gardiens, nous approchions du mur d'enceinte de la plate-forme. Combien de fois je fus découragé ! Ensuite reprenant toute ma vigueur, je me sentais plus que jamais décidé à suivre mon plan ; je conservais, dans nos promenades journalières, l'extérieur d'un homme tout-à-fait résigné à son sort ; ma conversation avec mes compagnons d'infortune roulait sur des choses indifférentes ; je m'entretenais avec eux du site magnifique et de l'admirable vue dont nous jouissions. Les gardiens n'étaient point en défiance, car il était impossible de réaliser une évasion par la plate-forme que surveillaient à l'extérieur des factionnaires, placés à des distances rapprochées sur des tourelles et des bastions. Les gardiens se mêlant alors à notre conversation, je profitai adroitement de leur entretien, et j'obtins d'eux des renseignements sur la statistique du Mont St.-Michel, des grèves, des rivières qui séparent le Mont des côtes ; je connus l'élévation des différents murs qui existent entre le sommet et la base du Mont. Que de précautions pour savoir ce qui m'était utile ! Quand j'entretenais les gardiens, je leur faisais des questions si simples, qu'ils ne se défiaient nullement ; en parlant des prisonniers réclusionnaires, je demandais si quelqu'individu voulait tenter de s'évader quelle chute il eût pu faire, et de quelle hauteur il serait tombé. Je finis par tout savoir, et malgré les travaux excessifs qui devaient me sauver, chaque jour à la promenade, je parvenais encore à surprendre de nouveaux indices et j'obtenais jusqu'aux moindres détails.

Après avoir reconnu que ma cellule était située au-

dessus d'un terrain , et être parvenu à savoir les distances qui me séparaient de la mer, je commençai mes
travaux. Dans le jour , à l'exception des heures de promenade que j'employais si bien., je donnais des leçons
d'armes avec des baguettes ; je profitai de cette distrac-
tion pour réclamer quelques pelottes de ficelle dont
j'avais besoin pour entretenir et attacher mes ar-
mures ., bientôt j'eus le bonheur d'en avoir autant
que j'en demandais. La tranquillité extérieure que je
manifestais, la gaîté que les gardiens avaient reconnue
en moi , tout enfin les confirmait dans l'idée qu'ils
avaient tous qu'aucun prisonnier ne pouvait se soustraire
à leur surveillance. C'était au point qu'ils nous disaient
quelquefois : « Ah ! messieurs, il y a eu des prisonniers
« qui ont tenté de s'évader , mais jamais aucun n'a pu
« réussir. »

J'avais calculé toutes les hauteurs qui séparaient
notre cellule de la base du Mont ; je connaissais tous
les passages extérieurs et les écueils à éviter. Les ré-
ponses des gardiens faites sans autre idée que celle de
satisfaire une curiosité qui ne leur donnait aucune inquiétude , m'avaient instruit. Dès-lors la nuit et le jour
furent employés sans interruption pour l'accomplisse-
ment de mon dessein. Le jour, je tressais avec mes compagnons la ficelle que je me procurais ; des lambeaux
de chemises, des chiffons furent employés à faire des
cordes, puis je fis l'épreuve de leur force, et je m'assurai
qu'elles pouvaient supporter un poids de cent cinquante
kilogrammes. Mais dans ces journées de continuelles
angoisses, combien de soins , d'attentions pour éviter
de nous compromettre ! La vigilance des gardiens était
de tous les instants ; heureusement le bruit des verroux des portes qui conduisaient à notre cellule , nous
avertissait de leur arrivée. Dans la crainte continuelle
d'être surpris, que de soins pour soustraire à la vue
les objets que nous fabriquions ! Nous avions des cartes :
au moment où les gardiens entraient , une partie se
trouvait improvisée ; le calme apparent ou le feu que
nous apportions dans notre jeu, empêchait toute idée
de ce qui se passait une minute auparavant. Que
d'anxiété dans ces moments, puisque le moindre mou-

vement, le moindre regard pouvaient nous faire perdre le fruit de nos peines et nous replonger plus que jamais dans un dédale de misère et d'infortune ! La nuit, c'était une bien autre position ! Ici commence pour moi la série des difficultés qu'il a fallu surmonter pour creuser jusqu'au souterrain que je présumais être sous notre cellule.

Ainsi que je l'ai dit, j'avais remarqué, à l'endroit où était placé le baquet, qu'il devait y avoir une cavité. Je me servis de mon clou, espérant parvenir à enlever les dalles. Chaque nuit, après la fermeture des portes, lorsque nos cellules avaient retenti du bruit des verroux, une chandelle à la main je commençais mes opérations : j'avais fabriqué des petits sacs en toile ; je les remplissais des pierres et des gravats que j'extrayais, puis profitant des moments où les grands vents, qui sont si fréquents aux environs du Mont St-Michel, se faisaient entendre, je jetais par notre fenêtre tout ce que je retirais. A force de temps, je creusai de manière à pouvoir me glisser dans un trou que j'augmentai chaque jour.

Qu'on se figure ma situation : debout dans cet espèce de boyau où je ne pouvais me baisser que très-peu, tenant une chandelle d'une main, l'autre employée à remplir mes sacs ; qu'on réfléchisse à l'inquiétude dans un travail si long, si pénible, de me trouver surpris par les rondes de nuit, à l'attention qu'il me fallait pour écouter le son de l'horloge, afin de cesser mes travaux au moment où les rondes de cellules devaient avoir lieu, à la promptitude nécessaire lorsque le bruit des verroux annonçait la visite des gardiens ; aux soins à prendre pour remettre les dalles, les bois, pour faire disparaître les moindres traces sous le baquet ; à la précipitation à laquelle j'étais contraint pour me remettre dans mon lit, encore tout palpitant d'effroi et souvent traversé de sueurs qu'un travail pénible occasionnait, puis à mon calme affecté devant les gardiens qui approchaient leur lanterne de nos lits, et l'on aura une bien faible idée de mes transes affreuses.

Après sept mois de persévérance, j'avais déjà une bonne provision de ficelle et de corde, et j'étais arrivé à environ vingt pieds au-dessous du baquet, lorsque je fus arrêté dans mes travaux. Une énorme pierre paraissait un obstacle insurmontable, je restai irrésolu ; c'est alors que mes deux compagnons d'infortune me firent de nouvelles observations, néanmoins ils m'aidaient dans le jour ; leur surveillance pour me préserver des gardiens était continuelle, mais pour les travaux de nuit, je les accomplissais seul. Cependant, abattu, presque découragé, je tins bon et je pensai qu'en détournant mes travaux, je pourrais trouver une issue dans un chemin différent de celui que j'avais suivi. Mon clou était mon sauveur. Malgré la résistance du ciment, à force de persévérance je parvins à l'enlever, puis je poussai les pierres qui tombèrent enfin dans la cavité que j'avais cru reconnaître en m'apercevant de la sonorité de notre cellule.

Me voilà donc dans cet endroit que je désirais tant atteindre. Les pierres que j'avais poussées étaient amoncelées; je pouvais descendre dans le fond; mais il me fut impossible de résister à l'odeur fétide qui s'en exhalait. Ma chandelle était entourée d'un cercle qui prouvait qu'à l'instant même elle allait être éteinte. Je remontai, car j'avais eu la précaution en creusant l'espèce de puits qui m'avait amené à la découverte du souterrain, de laisser quelques pierres qui me servaient de marches; puis, je me recouchai. Le jour venait de poindre, toutes mes nuits avaient été employées à creuser, à descendre, à remonter avant la visite des gardiens, à redescendre après, à continuer mes travaux, à remonter encore lors des secondes et troisièmes visites. Je soupirais d'espérance, car je pensais toujours que la découverte que je venais de faire devait m'amener à l'issue d'un des chemins de ronde. Je fus quatre jours sans redescendre dans le caveau pour laisser à l'air le temps d'y pénétrer; enfin, je résolus de reprendre mes occupations si pénibles, j'arrivai au terme de mon creusement, et j'entrai dans le souterrain où l'inspection des lieux me glaça d'effroi : d'abord, les pierres, les gravats que j'avais poussés étaient un obstacle à ma marche; ensuite la fraîcheur me saisissait, l'odeur infecte me suffoquait. Après avoir reconnu tous les coins et recoins, j'aperçus des ossements et une tête de mort; de vieilles ferrures rouillées annonçaient que cette basse-fosse avait été témoin des derniers soupirs de quelque victime dans les temps précédents; je remontai même la tête de mort et je la présentai à mes compagnons, en leur disant : « Voyez, nous ne sommes pas « seuls ici. » Il faut connaître l'existence des prisonniers pour comprendre ce qui peut se passer en eux dans de pareils moments ! Toutefois j'étais plus rassuré, j'avais écouté aux parois du caveau, j'avais exploré tous les endroits, j'avais remarqué la situation de ses murs, et j'étais parvenu à reconnaître de quel côté je pouvais commencer à percer celui qui devait me séparer du chemin de ronde extérieur du Mont. Plein d'espérance, je mis de nouveau la main à l'œuvre, toujours avec le clou qui m'a tant servi.

Le percement du mur dura environ huit jours, il avait quatre pieds d'épaisseur. Comme tout ce que j'avais fait avec mon clou était à l'aide du poignet et à force de patience, il ne faut pas s'étonner si je fus si long-temps à apercevoir le jour ; mon bras droit fut même plus d'une fois tellement enflé qu'à peine je pouvais le remuer. Toutefois le bruit des flots, la voix des factionnaires, le son de l'horloge, tout m'annonçait que j'étais arrivé au dernier moment du travail que j'avais entrepris. Je creusai encore le ciment de la dernière pierre qui pouvait avoir un pied d'épaisseur, et je m'assurai qu'il me serait facile de la pousser.

Je remontais, comme de coutume, à tous instants dans notre cellule. Le jour qui suivit le percement total du mur, après la visite des gardiens j'ouvris de nouveau mon cœur à mes camarades d'infortune ; ils étaient toujours irrésolus. Dans nos promenades sur la plate-forme je me trouvais aussi avec Prospert, homme d'un esprit consciencieux, faisant partie de notre catégorie, mais qui n'était point dans notre cellule. Blondeau, Lesage, étaient les seuls qui sussent mon secret ; ils me représentèrent encore l'impossi-bilité, lorsque je pourrais sortir en poussant ma der-nière pierre, d'échapper aux mille dangers que je pou-vais courir en me trouvant dans le chemin de ronde. Il faudra, disaient-ils, tromper la vigilance des factionnaires, passer par dessus les murs, arriver au pied du Mont, traverser les grèves, etc., etc.; rien ne put ébranler ma résolution : la découverte étonnante de mon clou, de mon souterrain , de ma dernière pierre , tout m'annonçait que j'allais bientôt être libre. Je pris mes dernières précautions pour réaliser mon projet.

Je fis d'abord mes calculs pour la longueur des cordes que j'avais fabriquées en trompant si bien nos gardiens , je préparai chacune par bouts coupés d'après les renseignements que j'étais parvenu à obtenir dans nos promenades de la plate-forme ; leur grosseur était d'environ un doigt, puis j'observai le temps, je cherchai à connaître les moments du flux et du reflux, et je me tins prêt à saisir la première occasion d'une nuit de tempête pour mettre mon plan à exécution.

Le jour qui fut celui de ma délivrance , au mois de juin 1835 , j'étais presque sûr que bientôt j'aurais pu recueillir le fruit de mes longs travaux. Nous nous quittâmes mes camarades et moi après notre promenade accoutumée et chacun de nous rentra dans sa cellule. Prosper , le seul de mes trois amis qui ne partageât pas notre demeure, n'était pas même prévenu de la résolution que je pris à la rentrée du soir ; nos portes étaient fermées, dix heures sonnèrent, un orage planait sur le mont St.-Michel, les éclairs sillonnaient le ciel , les vents étaient d'une violence extrême, je pensai qu'il était bon de saisir une si belle occasion de sortir d'esclavage. Blondeau , le plus âgé de nous trois, entreprit encore de me détourner ; je résistai. Le bruit du tonnerre m'annonçait que ma fuite serait bientôt plus facile ; alors dans un moment d'exaltation dont j'ai senti depuis toute la valeur , je pris mes mesures , je commençai ma toilette, je coupai mes longs cheveux, Blondeau enleva mes moustaches ; j'entourai mon corps des cordes qui m'étaient nécessaires , j'arrangeai mon lit afin que les gardiens qui faisaient la ronde de deux heures en deux heures, ne pussent s'apercevoir de mon absence ; j'imitai une forme d'homme dans mon lit, je me servis de mes cheveux coupés, je les plaçai sous mon bonnet, afin de mieux représenter une tête tournée du côté du mur ; et toujours certain de l'existence de l'orage, je pris une chandelle en m'écriant à mes camarades : « Voyez , la liberté nous « appelle , la nuit est sombre , la marée nous per- « met le passage des grèves , de nouvelles troupes

« sont maintenant au Mont, elles ne savent pas le
« service comme celles qui y étaient habituées; le
« caveau est sondé, il ne reste plus que la dernière
« pierre à pousser. La liberté n'a-t-elle pas des attraits
« et ne peut-on courir quelques dangers pour la recon-
« quérir ? mes camarades, mes amis, voyez, elle est
« devant vous, et puis d'ailleurs, que devons-nous
« craindre ? Notre existence n'est-elle pas enchaînée
« pour toujours; et comment ne pas se risquer pour
« quelques instants plutôt que de rester ensevelis dans
« de tels lieux ! » J'employai tous les moyens persuasifs
pour déterminer mes deux bons camarades, mais l'heure
de ronde que je pressentais fut le signal de ma dernière
résolution, je leur dis : « C'en est fait, je pars, à la grâce
de Dieu ! »

J'ai parlé de notre saisissement lorsque M. Martin-
Deslandes, vint nous dire au moment de l'incendie
qu'il comptait sur nous; eh bien ! notre émotion fut
bien autre à mon départ. « Mes amis, disais-je,
« vous me faites envisager les difficultés de mon
« évasion par cœur, par devoir ; j'ai fait tout le
« travail de nuit, j'ai voulu vous entraîner avec moi,
« maintenant, il n'est plus dans vos idées de me suivre;
« lorsque dans les affaires des 5 et 6 juin, vous n'a-
« vez pas craint d'affronter les balles, vous avez agi
« avec courage ; comment se fait-il que vous hésitiez à
« prendre le chemin que j'ai creusé? vous voilà placés
« entre deux écueils, vous avez à choisir de la liberté avec
« son bonheur, ou de la continuation de votre détention
« sous un régime plus dur, car l'inspection des lieux
« que j'ai creusés et de notre cellule peut à l'instant
« même vous compromettre ; choisissez encore, tout ou
« rien. ». Ils me répondirent : « Tu es décidé, nous ne
« le sommes pas, il y a trop d'obstacles, adieu ! » Ils
m'embrassèrent, c'en était fait, et ces mots : à la grâce
de Dieu ! furent repétés. Quelle séparation ! et combien
mon cœur palpitait !

Bien résolu, je prévins Blondeau, je lui donnai une
petite ficelle, c'était un dernier renseignement que mes
camarades désiraient obtenir sur les résultats de mon
entreprise. Je descendis par mes passages habituels, et

c'est presque à l'entrée du souterrain que j'entendis encore les derniers mots de mes camarades : « à la grâce de Dieu ! » Ma ficelle était entre les mains d'un ami, je l'avais prévenu que si je parvenais à pousser ma pierre, ils comprendraient ainsi que d'autres dangers étaient à courir, et qu'alors ils pouvaient, en ne sentant plus le poids de ma main, faire disparaître les traces de mon évasion en employant les moyens dont je me servais si souvent pour remettre en état tout ce qui était sous le baquet de notre cellule. J'arrivai donc dans le souterrain, puis à l'endroit du percement de ma dernière pierre si bien connu de moi par mes longues veilles, presque sûr en marchant à tâtons de reconnaître les lieux où j'avais tant travaillé, j'employai une légère force pour attirer à moi cette pierre et je la fis tomber dans mon souterrain. Alors, je sentis l'air extérieur, la nuit était sombre. Sans perdre de temps, car je craignais les rondes des gardiens, je me servis d'une barre de mon lit que j'avais emportée en quittant ma cellule, je la plaçai en travers du trou et j'y attachai ma corde, je passai ensuite mes pieds les premiers, me plaçant à plat ventre, ma corde entre les mains et reculant ainsi, je me trouvai les jambes en dehors du mur ; puis me laissant descendre par la seule force du poignet, je glissai. Il y avait environ 45 pieds entre le point de ma sortie du trou et celui du premier chemin de ronde ; j'avais mal calculé pour ma première corde, car arrivé à 10 ou 12 pieds de cet endroit, je m'aperçus qu'elle était à sa fin, une sueur froide s'empara de moi ; l'officier de ronde passait, les factionnaires se donnaient le mot d'ordre, j'étais suspendu. Heureusement la tempête me vint en aide, le bruit de ma chute dans une cavité voisine du chemin de ronde pouvait être entendu, mais il n'en fut rien. C'est alors que Blondeau et son camarade ont pu comprendre que je n'étais plus dans les cachots et souterrains du Mont St.-Michel ; car ils ne sentaient plus la tension de ma corde.

Quel moment que celui où sans être blessé, mais meurtri de ma chute, immobile, dans cette espèce de fosse où j'étais heureusement tombé, laissant passer la ronde, j'atten-

daîs pour suivre mon plan de salut ! Enfin je me relevai, la pluie, l'orage, la tempête, forçaient les factionnaires à rester dans leur guérites placées à environ
quinze pas des endroits où je devais passer. Je parvins
avec un bonheur inoui près du mur de ronde, après
avoir passé entre deux factionnaires. Arrivé à l'extrémité du mur, je ne trouvai plus d'issue, mais il était
nouvellement réparé, il conservait encore les trous
qui avaient servi à maintenir les pièces de bois des ou-
vriers maçons, je tâtai, et les mains plongées dans ces
trous, je parvins à descendre jusqu'au mur du jardin
du directeur, situé à environ dix pieds. J'avais les mains
déchirées, le corps traversé par une pluie battante.
L'effroi, l'inquiétude, augmentaient l'horreur de ma
position. En voulant sauter par dessus le mur du jardin, je me plaçai à cheval dessus, mais je fus entraîné
par une chute affreuse ; je tombai dans le jardin, en
enlevant les espaliers qui le garnissaient ; j'entendis alors
les factionnaires qui répétaient ces mots si sonores à
mes oreilles : « Sentinelles, prenez garde à vous. » Ils
avaient entendu du bruit, mais une providence veillait
sur moi, et calme, couché dans le jardin, malgré ma
chute, je restai quelques instans sans continuer mon
aventureuse entreprise, afin de laisser aux factionnaires
l'idée que la tempête seule avait pu les étonner d'un
bruit imprévu.

Je me relevai bientôt, et debout contre le mur, j'at-
tendis cinq minutes. J'étais dans une inquiétude grave,
car je savais que je devais passer par le jardin de l'entre-
preneur, et je n'ignorais pas qu'il avait un énorme chien
contre lequel sans doute, dans l'obscurité, je n'eusse pu
lutter ; enfin je sautai, je ne rencontrai pas le chien
que je redoutais ; j'arrivai à l'extrémité, et sautant
de nouveau, je me trouvai dans une espèce de
précipice qui avait à gauche et à droite un bastion sur
lesquels des factionnaires étaient placés ; ce précipice très-étroit a 160 marches. Craignant d'être aperçu,
je fus obligé pour commencer à descendre l'escalier,
de ramper sur le ventre ; par ce moyen, j'évitai
que la hauteur de mon corps fût aperçue. Arrivé au
pied de l'escalier à l'avant-dernière chemise du rempart,

j'entendis les pas d'un homme , c'était un pêcheur qui passait avec son attirail de pêche et ses grandes bottes ,, je me couchai afin qu'il ne pût me voir , je sentis presque son contact , mais ce fut tout , j'aurais pu lutter au besoin avec lui , mais il eût crié sans doute et d'ailleurs j'avais résolu de ne point m'exposer à verser une seule goutte de sang à quelqu'extrémité que je me trouvasse placé , je n'avais même pas voulu me munir d'un poignard ou d'un couteau. Après le passage de cet homme je suivis mon chemin jusqu'au dernier rempart du Mont : il y a six tourelles , je choisis celle du nord , c'est celle par laquelle on hisse les denrées et les vivres lorsque la marée est montante , je reconnus la poulie, j'y fixai solidement ma dernière corde , puis étant assuré qu'elle était bien en état de me soutenir , je me pendis par les mains et je me laissai couler ; j'avais calculé qu'il pouvait y avoir soixante pieds : dans cette descente, si pénible , dévoré d'inquiétude , les mains tellement serrées autour de ma corde qu'en arrivant au pied du Mont , elles étaient en lambeaux , le corps couvert de contusions , placé entre le ciel et les sables qui couvrent les grèves , je crus plus d'une fois que je ne pourrais arriver jusqu'à terre ; enfin , je sentis le sable ; j'avais cependant les jambes dans l'eau qui séjourne à la marée descendante autour du Mont. J'étais tellement abattu , mes forces étaient si épuisées , que je sentis mon courage m'abandonner ; j'avais devant moi le danger des grèves , la crainte de la marée montante, celle du jour qui devait paraître de bonne heure ; celle aussi que mon évasion ne fût connue. Le Mont St.-Michel était gardé par 400 hommes de garnison, vingt gendarmes , vingt gardiens et des sentinelles de tous côtés.

Il était à peu près une heure du matin, j'étais descendu d'environ 300 pieds, j'avais passé par des endroits pour ainsi dire impraticables , j'étais presqu'au dernier période de mon existence ; le fruit de mes veilles, de mes travaux, de mes résolutions, allait être perdu ; mais les forces me revinrent , le froid glacial que je ressentais , le souvenir de toutes mes idées me rendirent le courage et j'entrepris le trajet qui devait m'amener sur la plage. La pluie continuait à tomber , la nuit était toujours sombre, je ne pouvais avoir la connaissance positive du chemin des grèves. La lumière du phare seule me sauva. Je reconnus après des recherches infinies que mes pas étaient assurés sur le sable. Marchant toujours à reculons pour ne pas perdre de vue ma lumière bienfaitrice, je crus être bien sur la ligne qui conduisait à terre. Comment décrire une pareille traversée ? Il y a environ une lieue et demie : je tombais à chaque instant, tantôt dans les eaux qui restent au-dessus du sable : il y a trois rivières à traverser dont le cours est détourné par les marées : j'entendais déjà le mugissement de la mer qui arrivait, je perdais du temps par les chutes fréquentes que je faisais. La tempête au loin se faisait encore entendre, le jour allait venir ; mes vêtements et ma chaussure était tellement mouillée et couverte de sable que je pesais le double. Je pensais toujours que les gardiens avaient pu reconnaître mon évasion lors de la ronde de minuit ; celle de deux heures était faite ; si je n'arrivais à terre, c'en était fait de moi. Je m'arrêtai souvent en me disant : « Colombat, tu vas mourir ici. » Je n'en pouvais plus.

Enfin, après avoir supporté toutes les peines morales et physiques, j'arrivai sur la plage, glacé de froid, le corps rompu. Alors le coup de canon d'alarme qui annonce aux habitants du Mont St.-Michel qu'un détenu est évadé se fit entendre. (Il y a une récompense de 100 fr. pour celui qui l'arrête.) Le jour paraissait, la mer devenue furieuse par la tempête, était auprès de moi ; j'étais tellement abattu que je ne pouvais plus remuer. Enfin, je repris mes forces ; les yeux vers le Mont, je pensai à mes infortunés compagnons, je remerciai Dieu, puis je me relevai le cœur rempli d'espérance, car la liberté que j'avais conquise par tant de persévérance était devenue mon partage !!.

Depuis ce moment, je suis d'abord parvenu à toucher la terre étrangère. J'ai pu ensuite rentrer en France par amnistie, mais les nombreuses blessures que j'ai reçues en Juin 1832, et les souffrances endurées pour mon évasion, m'ont occasionné une paralysie qui me prive de l'usage de tout le côté droit.

L.-A.-E. Colombat.

Caen, imprimerie, de A. HARDEL, rue Froide, n° 2

www.ingramcontent.com/pod-product-compliance
Lightning Source LLC
Chambersburg PA
CBHW061854080726
47597CB00010BA/4182